MEMORIES

MEMORIES

MEMORIES

MEMORIES

MEMORIES

MEMORIES

MEMORIES

MEMORIES

MEMORIES

MEMORIES

MEMORIES

MEMORIES

MEMORIES

MEMORIES

MEMORIES

MEMORIES

MEMORIES

MEMORIES

MEMORIES

MEMORIES

MEMORIES

MEMORIES

MEMORIES

MEMORIES

MEMORIES

MEMORIES

MEMORIES

MEMORIES

MEMORIES

MEMORIES

MEMORIES

MEMORIES

MEMORIES

MEMORIES

MEMORIES

MEMORIES

MEMORIES

MEMORIES

MEMORIES

MEMORIES

MEMORIES

MEMORIES

MEMORIES

MEMORIES

MEMORIES

MEMORIES

MEMORIES

MEMORIES

MEMORIES

MEMORIES

MEMORIES

MEMORIES

MEMORIES

MEMORIES

MEMORIES

MEMORIES

MEMORIES

MEMORIES

MEMORIES

MEMORIES

MEMORIES

MEMORIES

MEMORIES

MEMORIES

MEMORIES

MEMORIES

MEMORIES

MEMORIES

MEMORIES

MEMORIES

MEMORIES

MEMORIES

MEMORIES

MEMORIES

MEMORIES

MEMORIES

MEMORIES

MEMORIES

MEMORIES

MEMORIES

MEMORIES

MEMORIES

MEMORIES

MEMORIES

MEMORIES

MEMORIES

MEMORIES

MEMORIES

MEMORIES

MEMORIES

MEMORIES

MEMORIES

MEMORIES

MEMORIES

MEMORIES

MEMORIES

MEMORIES

MEMORIES

MEMORIES

MEMORIES

Made in the USA
Monee, IL
21 March 2023

30253152R00057